Rindert Kromhout

Dann zieh ich halt zu Jasper!

Aus dem Niederländischen
von Eva Schweikart

Mit Illustrationen von Sandra Klaassen

dtv

»Hast du mich lieb, Papa?«, fragt Lizzy.
»Das weißt du doch«, sagt Papa.
»Ich habe dich nicht besonders lieb«, sagt Lizzy.
»Die Mama von Jasper habe ich viel lieber.«
»So«, sagt Papa, »und warum bitte?«
»Jasper hat eine Spieleisenbahn.«
»Mäuschen, du bekommst keine Spieleisenbahn.«
»Aber ich will so gern eine, Papa.«
»Vielleicht zu deinem Geburtstag.«

»Jasper hat ganz viele Schienen und Waggons und einen Bahnhof. Und er darf jeden Abend aufbleiben, so lange er will. Seine Mama erlaubt ihm alles. Hat er selbst gesagt.«
»Du bekommst einen Pfannkuchen!«

»Wo willst du hin?«, fragt Papa.
»Ich ziehe zu Jasper«, sagt Lizzy.
»Zu Jasper? Aber was mache ich dann?
Wenn du bei Jasper wohnst, bin ich ganz allein.«
Darüber muss Lizzy kurz nachdenken.
»Du kannst ja mal zu Besuch kommen«,
sagt sie dann.

»Hallo, Jasper. Ich wohne ab jetzt bei dir«, sagt Lizzy.
»Hurra!«, ruft Jasper.
»Geht das auch wirklich?«, fragt Papa.

»Aber sicher«, sagt Jaspers Mama und zwinkert.
»Für ein paar Tage gern.«
»Dann sei schön brav, Lizzy«, sagt Papa.
Aber das hört Lizzy schon nicht mehr.

Die Spieleisenbahn ist supertoll!
Lizzy ist fest entschlossen, für immer
und ewig bei Jasper zu wohnen.
»Wir holen noch mehr Kinder«, sagt sie.
»Die dürfen dann auch mitspielen.«

»Kommt nicht infrage!«, ruft Jaspers Mama
aus der Küche.
»Ein Kind zu Gast ist genug.
Sonst gibt es hier zu viel Trubel.«

»Zu mir dürfen immer zehn Kinder zum Spielen kommen«, sagt Lizzy.
»Echt wahr?«, fragt Jasper.
»Ja. Oder hundert.«
»Ui!«, sagt Jasper.
»Und jetzt spielen wir im Freien«, bestimmt Lizzy.
»Aber erst räumt ihr die Spielsachen auf!«, ruft Jaspers Mama.
»Jasper, zeig Lizzy, wie das geht.«

»Ich muss meine Spielsachen nie aufräumen«, sagt Lizzy.
»Echt nicht?«, fragt Jasper.
»Nein, nur manchmal.«
»Dein Papa ist lieb.«
»Ja …«, sagt Lizzy. Einen Moment lang denkt sie an Papa und an die Spielsachen in ihrem Zimmer …

»Ich kann schon zählen«, sagt Jasper.
Er hebt nacheinander die Finger: »Ein Zwerg, zwei Zwerge,
drei vier fünf Zwerge ...«
Lizzy will auch zählen lernen. »Was kommt nach fünf?«, fragt sie.
»Sechssiebenachtneunzehn!«, ruft Jasper.

»He! Da ist ja die Raupe Nimmersatt!« Lizzy deutet ins Gras.
Jasper muss lachen. »Lustiger Name für eine Raupe.«
»Die war total hungrig«, erzählt Lizzy. »Da hat sie lauter
leckere Sachen gegessen. Und dann hat sie Bauchweh
bekommen und ist ein Schmetterling geworden.«
»Echt wahr? Woher weißt du das?«

Lizzy rennt ins Haus und kommt mit ihrem Koffer wieder.
»Da, schau mal!«
Jasper macht große Augen. »So schöne Bücher!«
»Hast du keine Bücher?«, fragt Lizzy.
»Doch«, sagt Jasper. »Ich habe ein Malbuch. Warte, ich hol's.«
Nun rennt Jasper ins Haus, die Treppe hinauf, in sein Zimmer und wieder hinunter …
Ein Malbuch! Lizzys Papa findet Malbücher nicht gut. Sie darf zu Hause nur malen, wenn sie sich selber etwas ausdenkt.
Aber Lizzy findet das Malbuch gut. Denn Ausmalen ist viel leichter, als sich selber etwas auszudenken.

»Kannst du schon lesen?«, fragt Jasper.
Lizzy schüttelt den Kopf. »Papa liest mir vor dem Schlafengehen immer was vor.«
»Meine Mama ist abends zu müde«, sagt Jasper.
Er klappt das Buch zu. »Jetzt spielen wir, dass wir die Raupe Nimmersatt sind.«
»Ja-ha! Wir gehen zu Onkel Kurt!«, ruft Lizzy.

»Onkel Kurt, wir sind total hungrig«, sagt Lizzy.

»Ja, wir sind die Raupe Nimmersatt.« Jasper nickt.

»Da habt ihr aber Glück«, sagt Onkel Kurt. »Ich backe nämlich gerade eine Torte. Ihr könnt die Teigschüssel auslecken.«

Lizzy und Jasper machen sich zufrieden auf den Heimweg. Draußen treffen sie Lizzys Papa.
»Aber, Kinder, wie seht ihr denn aus!«, ruft er.
»Wir sind die Raupe Nimmersatt«, sagt Jasper.
»Wir haben die Schüssel auslecken dürfen.«
»Ihr Glückspilze! Na, dann kommt mal mit. Wenn Jaspers Mama diese dreckigen nimmersatten Raupen sieht …!«

»Ist es schön bei Jasper?«, fragt Papa.
Lizzy nickt. »Wir haben mit der Eisenbahn gespielt,
und ich kann schon Zwerge zählen.«
»Es ist so schade, dass ich heute Abend keinen Kuss
von meiner Lizzy bekomme«, sagt Papa.

»Papa von Lizzy, warum willst du heute
Abend einen Kuss?«, fragt Jasper.
»Weil er sonst nicht schlafen kann«,
erklärt Lizzy.

»Genauso ist es«, sagt Papa.
»Ohne einen Kuss von meiner Lizzy liege ich die ganze Nacht wach.«
Er bekommt einen Kuss. Und auch gleich einen Kuss für morgen und noch mehr Küsse für viele Abende danach.
»Mmm, da werde ich heute aber gut schlafen«, sagt Papa.

»Geht jetzt schnell wieder zu Jaspers Mama. Und sagt ihr, dass ich eure dreckigen Kleider in die Waschmaschine gesteckt habe.«
Lizzy gibt Papa noch einen allerletzten Kuss ... dann rennen sie und Jasper schnell hinüber zum Nachbarhaus.

»Wir haben baden dürfen, weil wir ein bisschen dreckig waren«, erzählt Jasper am Abendbrottisch.

»Jasper hat einen Schlafanzug von mir an«, sagt Lizzy.

»Das sehe ich«, sagt Jaspers Mama. »Esst mal rasch eure Teller leer.«

»Ich habe Bauchweh«, sagt Jasper.

»Hmm«, macht seine Mama. »Wie kommt es eigentlich, dass ihr dreckig geworden seid? Wahrscheinlich wart ihr wieder bei Onkel Kurt, oder? Jasper, du weißt doch, dass du zwischendurch nicht naschen sollst.«

»Wir haben beim Tortebacken geholfen«, sagt Lizzy.

»Mir ist ein bisschen schlecht«, sagt Jasper.

»Oje, das auch noch«, sagt seine Mama. »Putzt euch die Zähne und dann ab ins Bett.«

»Ich muss meine Zähne nie putzen«, sagt Lizzy.

»Echt nicht?«, fragt Jasper.

»Nein, nur wenn ich Lust dazu habe.«

»Spaßvogel«, sagt Jaspers Mama.

Jasper gibt seiner Mama einen Kuss.
»Sonst kannst du nicht gut schlafen«, sagt er.
»Scherzkeks«, sagt sie. »Und jetzt die Augen zu, alle beide!«
In Jaspers Zimmer riecht es anders als bei Lizzy zu Hause, und es brennt kein Nachtlämpchen.
»Jasper, bist du schon müde?«, fragt Lizzy.
»Nein«, sagt Jasper.
»Ich auch nicht. Wollen wir spielen?«
»Äh …«, macht Jasper und schaut zur Tür hinüber.
Aber Lizzy hopst schon auf dem Bett herum.
Da ruft Jasper: »Ja!«

Schlaft ihr immer noch nicht, ihr kleinen Äffchen?! Jetzt aber – husch mit euch ins warme Bettchen!

»Liest dein Papa dir jeden Abend die ganzen Bücher vor?«, fragt Jasper.
»Weißt du was, Jasper«, sagt Lizzy. »Ich glaube, morgen gehe ich wieder nach Hause.«
»Ja …«, sagt Jasper und klappt mit einem Seufzer das Buch zu.

»Mama, ich ziehe jetzt zu Lizzy!«
»Zu Lizzy? Aber was mache ich dann
ohne meinen Jasper?«
»Du kannst ja mal zu Besuch kommen.«

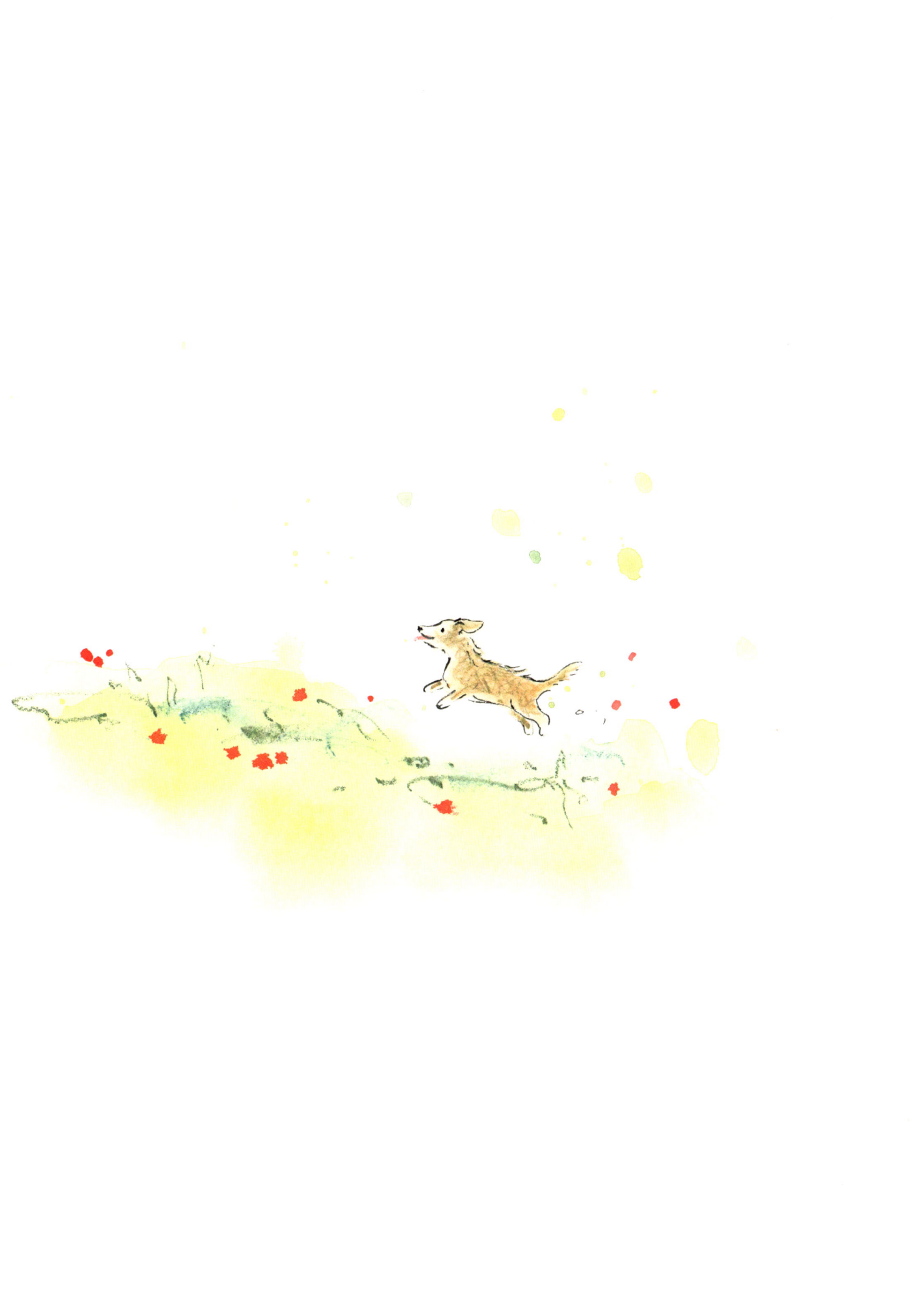

Rindert Kromhout wurde 1958 in Rotterdam geboren und begann schon sehr jung mit dem Schreiben für Kinder und Jugendliche. Für seine Bücher wurde er vielfach ausgezeichnet, unter anderem mit dem Thea-Beckmann-Preis für sein Jugendbuch ›Soldaten huilen niet‹, das in Deutschland unter dem Titel ›Brüder wie wir‹ erschien und für den Deutschen Jugendliteraturpreis nominiert wurde.
Seit 2007 lebt der Autor in Weesp, einem Vorort von Amsterdam.

Sandra Klaassen ist schon lange Zeit Kinderbuchillustratorin. Ihre Bilder zeichnen sich durch die Verwendung von Stift und zarten Aquarelltönen aus, wodurch es ihr gelingt, Emotionen differenziert einzufangen und eine warmherzige Atmosphäre zu schaffen. Sandra Klaassen stellte unter anderem in Japan, Schottland und Brasilien aus.

Deutsche Erstausgabe
2023 dtv Verlagsgesellschaft mbH & Co. KG, München
© Text: 2021 Rindert Kromhout
© Illustrationen: 2021 Sandra Klaassen
Titel der niederländischen Originalausgabe:
Ik ga bij Japie wonen – want hij mag álles!,
2021 erschienen bei © Uitgeverij Leopold, Amsterdam
© für die deutschsprachige Ausgabe:
2023 dtv Verlagsgesellschaft mbH & Co. KG, München
Umschlaggestaltung: dtv unter Verwendung einer Illustration von Sandra Klaassen
Gesetzt aus der Candara
Satz: Gaby Michel, Hamburg
Repro: Regg Media GmbH, München
Druck und Bindung: Grafisches Centrum Cuno, Calbe
Printed in Germany · ISBN 978-3-423-76428-5